Eigentum von

_____

Dieser Finanzenplaner wurde entwickelt, zu helfen, Ihre Einnahmen und Ausgaben zu organisieren und die Finanzen in den Griff zu bekommen. Die letzten vier Seiten dieses Heftes zeigen, wie die bereitgestellten Vorlagen verwenden werden können, um das Meiste aus ihnen herauszuholen. Alle eingegebenen Daten dienen lediglich als Beispiele.

_____

Durch Ihre Denkweise erreichen Sie Ziele. Arbeiten Sie täglich daran!

Versuchen Sie es:
Ihre Zukunft kann besser sein als die Gegenwart. Sie gestalten sie!
Geben Sie Menschen von Ihrem Herzen, nicht von Ihrem Verstand.
Die Entscheidungen von heute beeinflussen Ihr Leben von morgen.
Seien Sie neugierig und stellen Sie Fragen.
Verfolgen Sie Ihre Vision.
Riskieren Sie was! Wenn Sie Erfolg haben, werden Sie glücklich; Wenn nicht, lernen Sie.

BANK-KONTO DATEN

Kontoname		Referenz	
Kontoart		Name der Bank	
Kontonummer		Benutzername	
IBAN		Passwort/Hinweis	
Name auf Karte		Website URL	
Pin/Hinweis		Kontaktperson	
Kreditlimite		Adresse	
Name auf Karte			
Pin/Hinweis			
Kreditlimite			

Kontoname		Referenz	
Kontoart		Name der Bank	
Kontonummer		Benutzername	
IBAN		Passwort/Hinweis	
Name auf Karte		Website URL	
Pin/Hinweis		Kontaktperson	
Kreditlimite		Adresse	
Name auf Karte			
Pin/Hinweis			
Kreditlimite			

Kontoname		Referenz	
Kontoart		Name der Bank	
Kontonummer		Benutzername	
IBAN		Passwort/Hinweis	
Name auf Karte		Website URL	
Pin/Hinweis		Kontaktperson	
Kreditlimite		Adresse	
Name auf Karte			
Pin/Hinweis			
Kreditlimite			

BANK-KONTO DATEN

Kontoname		Referenz	
Kontoart		Name der Bank	
Kontonummer		Benutzername	
IBAN		Passwort/Hinweis	
Name auf Karte		Website URL	
Pin/Hinweis		Kontaktperson	
Kreditlimite		Adresse	
Name auf Karte			
Pin/Hinweis			
Kreditlimite			

Kontoname		Referenz	
Kontoart		Name der Bank	
Kontonummer		Benutzername	
IBAN		Passwort/Hinweis	
Name auf Karte		Website URL	
Pin/Hinweis		Kontaktperson	
Kreditlimite		Adresse	
Name auf Karte			
Pin/Hinweis			
Kreditlimite			

Kontoname		Referenz	
Kontoart		Name der Bank	
Kontonummer		Benutzername	
IBAN		Passwort/Hinweis	
Name auf Karte		Website URL	
Pin/Hinweis		Kontaktperson	
Kreditlimite		Adresse	
Name auf Karte			
Pin/Hinweis			
Kreditlimite			

JÄHRLICHER SCHULDZAHLUNGS-ÜBERBLICK

Schuldenübersicht

Monat	Rest-betrag	Rest-betrag	Rest-betrag	Rest-betrag	Rest-betrag	Summe Zahlungen	Rest-Schuld
Summe							

NOTIZEN · ZIELE · PLÄNE

ZUSAMMENFASSUNG DER JÄHRLICHEN EINNAHMEN UND AUSGABEN

Jährliche Ausgabenübersicht

Monat													Summe für den Monat
Summe													

ZUSAMMENFASSUNG DER JÄHRLICHEN EINNAHMEN UND AUSGABEN

Jährliche Einnahmenübersicht

Monat													Summe für den Monat
Summe													

NOTIZEN · ZIELE · PLÄNE

NOTIZEN · ZIELE · PLÄNE

MONATLICHE EINNAHMEN UND AUSGABEN

Einkommensquelle	Betrag	Datum
Summe Einkommen		

Einkommen für den Monat	
Ausgaben für den Monat	
Unterschied	

FIXKOSTEN							
#	Rechnung		Fällig	Bezahlt	Betrag	Ref.	Zhlg.	St.
1							
2							
3							
4							
5							
6							
7							
8							
9							
10							
11							
12							
13							
14							
15							
16							
17							
18							
19							
20							
21							
22							
23							
Summe Fixkosten							

#	Beschreibung	Betrag	Datum	Ref.	Zhlg.	St.
1						
2						
3						
4						
5						
6						
7						
8						
9						
10						
11						
12						
13						
14						
15						
16						
17						
18						
19						
20						
21						
22						
23						
24						
25						
26						
27						
28						
29						
30						
31						
32						
33						
Zwischensumme variabler Ausgaben						

#	Beschreibung	Betrag	Datum	Ref.	Zhlg.	St.
34						
35						
36						
37						
38						
39						
40						
41						
42						
43						
44						
45						
46						
47						
48						
49						
50						
51						
52						
53						
54						
55						
56						
57						
58						
59						
60						
61						
62						
63						
64						
65						
Summe variabler Ausgaben						
Summe monatlicher Ausgaben						

MONATLICHE ZUSAMMENFASSUNG & AUSBLICK

Summe Monatlicher Ausgaben	
Summe Monatliches Einkommen	
Unterschied	

Notfallkasse	
Datum	
Bestand	

Geldziele des nächsten Monats

Was ist diesen Monat gut gelaufen?

Was kann ich nächsten Monat bessern?

Notizen

NOTIZEN · ZIELE · PLÄNE

NOTIZEN · ZIELE · PLÄNE

MONATLICHE EINNAHMEN UND AUSGABEN

Einkommensquelle	Betrag	Datum
Summe Einkommen		

Einkommen für den Monat	
Ausgaben für den Monat	
Unterschied	

FIXKOSTEN							
#	Rechnung	Fällig	Bezahlt	Betrag	Ref.	Zhlg.	St.
1							
2							
3							
4							
5							
6							
7							
8							
9							
10							
11							
12							
13							
14							
15							
16							
17							
18							
19							
20							
21							
22							
23							
Summe Fixkosten							

VARIABLE AUSGABEN

#	Beschreibung	Betrag	Datum	Ref.	Zhlg.	St.
1						
2						
3						
4						
5						
6						
7						
8						
9						
10						
11						
12						
13						
14						
15						
16						
17						
18						
19						
20						
21						
22						
23						
24						
25						
26						
27						
28						
29						
30						
31						
32						
33						

Zwischensumme variabler Ausgaben

#	Beschreibung	Betrag	Datum	Ref.	Zhlg.	St.
	VARIABLE AUSGABEN					
34						
35						
36						
37						
38						
39						
40						
41						
42						
43						
44						
45						
46						
47						
48						
49						
50						
51						
52						
53						
54						
55						
56						
57						
58						
59						
60						
61						
62						
63						
64						
65						
	Summe variabler Ausgaben					
	Summe monatlicher Ausgaben					

MONATLICHE ZUSAMMENFASSUNG & AUSBLICK

Summe Monatlicher Ausgaben	
Summe Monatliches Einkommen	
Unterschied	

Notfallkasse	
Datum	
Bestand	

Geldziele des nächsten Monats

Was ist diesen Monat gut gelaufen?	Was kann ich nächsten Monat bessern?

Notizen

NOTIZEN · ZIELE · PLÄNE

NOTIZEN · ZIELE · PLÄNE

MONATLICHE EINNAHMEN UND AUSGABEN

Einkommensquelle	Betrag	Datum
Summe Einkommen		

Einkommen für den Monat	
Ausgaben für den Monat	
Unterschied	

FIXKOSTEN							
#	Rechnung		Fällig	Bezahlt	Betrag	Ref.	Zhlg. St.
1							
2							
3							
4							
5							
6							
7							
8							
9							
10							
11							
12							
13							
14							
15							
16							
17							
18							
19							
20							
21							
22							
23							
Summe Fixkosten							

#	Beschreibung	Betrag	Datum	Ref.	Zhlg.	St.
1						
2						
3						
4						
5						
6						
7						
8						
9						
10						
11						
12						
13						
14						
15						
16						
17						
18						
19						
20						
21						
22						
23						
24						
25						
26						
27						
28						
29						
30						
31						
32						
33						
Zwischensumme variabler Ausgaben						

#	Beschreibung	Betrag	Datum	Ref.	Zhlg.	St.
34						
35						
36						
37						
38						
39						
40						
41						
42						
43						
44						
45						
46						
47						
48						
49						
50						
51						
52						
53						
54						
55						
56						
57						
58						
59						
60						
61						
62						
63						
64						
65						

Summe variabler Ausgaben	
Summe monatlicher Ausgaben	

MONATLICHE ZUSAMMENFASSUNG & AUSBLICK

Summe Monatlicher Ausgaben	
Summe Monatliches Einkommen	
Unterschied	

Notfallkasse	
Datum	
Bestand	

Geldziele des nächsten Monats

Was ist diesen Monat gut gelaufen?

Was kann ich nächsten Monat bessern?

Notizen

NOTIZEN · ZIELE · PLÄNE

NOTIZEN · ZIELE · PLÄNE

MONATLICHE EINNAHMEN UND AUSGABEN

Einkommensquelle	Betrag	Datum
Summe Einkommen		

Einkommen für den Monat	
Ausgaben für den Monat	
Unterschied	

FIXKOSTEN							
#	Rechnung	Fällig	Bezahlt	Betrag	Ref.	Zhlg.	St.
1							
2							
3							
4							
5							
6							
7							
8							
9							
10							
11							
12							
13							
14							
15							
16							
17							
18							
19							
20							
21							
22							
23							
Summe Fixkosten							

#	Beschreibung	Betrag	Datum	Ref.	Zhlg.	St.
	VARIABLE AUSGABEN					
1						
2						
3						
4						
5						
6						
7						
8						
9						
10						
11						
12						
13						
14						
15						
16						
17						
18						
19						
20						
21						
22						
23						
24						
25						
26						
27						
28						
29						
30						
31						
32						
33						
	Zwischensumme variabler Ausgaben					

#	Beschreibung	Betrag	Datum	Ref.	Zhlg.	St.
34						
35						
36						
37						
38						
39						
40						
41						
42						
43						
44						
45						
46						
47						
48						
49						
50						
51						
52						
53						
54						
55						
56						
57						
58						
59						
60						
61						
62						
63						
64						
65						
	Summe variabler Ausgaben					
	Summe monatlicher Ausgaben					

MONATLICHE ZUSAMMENFASSUNG & AUSBLICK

Summe Monatlicher Ausgaben	
Summe Monatliches Einkommen	
Unterschied	

Notfallkasse	
Datum	
Bestand	

Geldziele des nächsten Monats

Was ist diesen Monat gut gelaufen?

Was kann ich nächsten Monat bessern?

Notizen

NOTIZEN · ZIELE · PLÄNE

NOTIZEN · ZIELE · PLÄNE

MONATLICHE EINNAHMEN UND AUSGABEN

Einkommensquelle	Betrag	Datum
Summe Einkommen		

Einkommen für den Monat	
Ausgaben für den Monat	
Unterschied	

FIXKOSTEN							
#	Rechnung		Fällig	Bezahlt	Betrag	Ref.	Zhlg.	St.
1							
2							
3							
4							
5							
6							
7							
8							
9							
10							
11							
12							
13							
14							
15							
16							
17							
18							
19							
20							
21							
22							
23							
Summe Fixkosten							

#	Beschreibung	Betrag	Datum	Ref.	Zhlg.	St.
1						
2						
3						
4						
5						
6						
7						
8						
9						
10						
11						
12						
13						
14						
15						
16						
17						
18						
19						
20						
21						
22						
23						
24						
25						
26						
27						
28						
29						
30						
31						
32						
33						
Zwischensumme variabler Ausgaben						

#	Beschreibung	Betrag	Datum	Ref.	Zhlg.	St.
34						
35						
36						
37						
38						
39						
40						
41						
42						
43						
44						
45						
46						
47						
48						
49						
50						
51						
52						
53						
54						
55						
56						
57						
58						
59						
60						
61						
62						
63						
64						
65						

VARIABLE AUSGABEN

Summe variabler Ausgaben

Summe monatlicher Ausgaben

MONATLICHE ZUSAMMENFASSUNG & AUSBLICK

Summe Monatlicher Ausgaben	
Summe Monatliches Einkommen	
Unterschied	

Notfallkasse	
Datum	
Bestand	

Geldziele des nächsten Monats

Was ist diesen Monat gut gelaufen?	Was kann ich nächsten Monat bessern?

Notizen

NOTIZEN · ZIELE · PLÄNE

NOTIZEN · ZIELE · PLÄNE

MONATLICHE EINNAHMEN UND AUSGABEN

Einkommensquelle	Betrag	Datum
Summe Einkommen		

Einkommen für den Monat	
Ausgaben für den Monat	
Unterschied	

FIXKOSTEN							
#	Rechnung	Fällig	Bezahlt	Betrag	Ref.	Zhlg.	St.
1							
2							
3							
4							
5							
6							
7							
8							
9							
10							
11							
12							
13							
14							
15							
16							
17							
18							
19							
20							
21							
22							
23							
Summe Fixkosten							

#	Beschreibung	Betrag	Datum	Ref.	Zhlg.	St.
1						
2						
3						
4						
5						
6						
7						
8						
9						
10						
11						
12						
13						
14						
15						
16						
17						
18						
19						
20						
21						
22						
23						
24						
25						
26						
27						
28						
29						
30						
31						
32						
33						

Zwischensumme variabler Ausgaben

#	Beschreibung	Betrag	Datum	Ref.	Zhlg.	St.
\multicolumn{7}{c}{VARIABLE AUSGABEN}						
34						
35						
36						
37						
38						
39						
40						
41						
42						
43						
44						
45						
46						
47						
48						
49						
50						
51						
52						
53						
54						
55						
56						
57						
58						
59						
60						
61						
62						
63						
64						
65						
	Summe variabler Ausgaben					
	Summe monatlicher Ausgaben					

MONATLICHE ZUSAMMENFASSUNG & AUSBLICK

Summe Monatlicher Ausgaben	
Summe Monatliches Einkommen	
Unterschied	

Notfallkasse	
Datum	
Bestand	

Geldziele des nächsten Monats

Was ist diesen Monat gut gelaufen?	Was kann ich nächsten Monat bessern?

Notizen

NOTIZEN · ZIELE · PLÄNE

NOTIZEN · ZIELE · PLÄNE

MONATLICHE EINNAHMEN UND AUSGABEN

Einkommensquelle	Betrag	Datum
Summe Einkommen		

Einkommen für den Monat	
Ausgaben für den Monat	
Unterschied	

FIXKOSTEN							
#	Rechnung	Fällig	Bezahlt	Betrag	Ref.	Zhlg.	St.
1							
2							
3							
4							
5							
6							
7							
8							
9							
10							
11							
12							
13							
14							
15							
16							
17							
18							
19							
20							
21							
22							
23							
Summe Fixkosten							

#	Beschreibung	Betrag	Datum	Ref.	Zhlg.	St.
1						
2						
3						
4						
5						
6						
7						
8						
9						
10						
11						
12						
13						
14						
15						
16						
17						
18						
19						
20						
21						
22						
23						
24						
25						
26						
27						
28						
29						
30						
31						
32						
33						
Zwischensumme variabler Ausgaben						

#	Beschreibung	Betrag	Datum	Ref.	Zhlg.	St.
	VARIABLE AUSGABEN					
34						
35						
36						
37						
38						
39						
40						
41						
42						
43						
44						
45						
46						
47						
48						
49						
50						
51						
52						
53						
54						
55						
56						
57						
58						
59						
60						
61						
62						
63						
64						
65						
	Summe variabler Ausgaben					
	Summe monatlicher Ausgaben					

MONATLICHE ZUSAMMENFASSUNG & AUSBLICK

Summe Monatlicher Ausgaben	
Summe Monatliches Einkommen	
Unterschied	

Notfallkasse	
Datum	
Bestand	

Geldziele des nächsten Monats

Was ist diesen Monat gut gelaufen?	Was kann ich nächsten Monat bessern?

Notizen

NOTIZEN · ZIELE · PLÄNE

NOTIZEN · ZIELE · PLÄNE

MONATLICHE EINNAHMEN UND AUSGABEN

Einkommensquelle	Betrag	Datum
Summe Einkommen		

Einkommen für den Monat	
Ausgaben für den Monat	
Unterschied	

FIXKOSTEN							
#	Rechnung	Fällig	Bezahlt	Betrag	Ref.	Zhlg.	St.
1							
2							
3							
4							
5							
6							
7							
8							
9							
10							
11							
12							
13							
14							
15							
16							
17							
18							
19							
20							
21							
22							
23							
Summe Fixkosten							

#	Beschreibung	Betrag	Datum	Ref.	Zhlg.	St.
1						
2						
3						
4						
5						
6						
7						
8						
9						
10						
11						
12						
13						
14						
15						
16						
17						
18						
19						
20						
21						
22						
23						
24						
25						
26						
27						
28						
29						
30						
31						
32						
33						

Zwischensumme variabler Ausgaben

#	Beschreibung	Betrag	Datum	Ref.	Zhlg.	St.
	VARIABLE AUSGABEN					
34						
35						
36						
37						
38						
39						
40						
41						
42						
43						
44						
45						
46						
47						
48						
49						
50						
51						
52						
53						
54						
55						
56						
57						
58						
59						
60						
61						
62						
63						
64						
65						
	Summe variabler Ausgaben					
	Summe monatlicher Ausgaben					

MONATLICHE ZUSAMMENFASSUNG & AUSBLICK

Summe Monatlicher Ausgaben	
Summe Monatliches Einkommen	
Unterschied	

Notfallkasse	
Datum	
Bestand	

Geldziele des nächsten Monats

Was ist diesen Monat gut gelaufen?

Was kann ich nächsten Monat bessern?

Notizen

NOTIZEN · ZIELE · PLÄNE

NOTIZEN · ZIELE · PLÄNE

MONATLICHE EINNAHMEN UND AUSGABEN

Einkommensquelle	Betrag	Datum
Summe Einkommen		

Einkommen für den Monat	
Ausgaben für den Monat	
Unterschied	

FIXKOSTEN						
#	Rechnung	Fällig	Bezahlt	Betrag	Ref.	Zhlg. St.
1						
2						
3						
4						
5						
6						
7						
8						
9						
10						
11						
12						
13						
14						
15						
16						
17						
18						
19						
20						
21						
22						
23						
Summe Fixkosten						

VARIABLE AUSGABEN

#	Beschreibung	Betrag	Datum	Ref.	Zhlg.	St.
1						
2						
3						
4						
5						
6						
7						
8						
9						
10						
11						
12						
13						
14						
15						
16						
17						
18						
19						
20						
21						
22						
23						
24						
25						
26						
27						
28						
29						
30						
31						
32						
33						
Zwischensumme variabler Ausgaben						

#	Beschreibung	Betrag	Datum	Ref.	Zhlg.	St.
	VARIABLE AUSGABEN					
34						
35						
36						
37						
38						
39						
40						
41						
42						
43						
44						
45						
46						
47						
48						
49						
50						
51						
52						
53						
54						
55						
56						
57						
58						
59						
60						
61						
62						
63						
64						
65						
	Summe variabler Ausgaben					
	Summe monatlicher Ausgaben					

MONATLICHE ZUSAMMENFASSUNG & AUSBLICK

Summe Monatlicher Ausgaben	
Summe Monatliches Einkommen	
Unterschied	

Notfallkasse	
Datum	
Bestand	

Geldziele des nächsten Monats

Was ist diesen Monat gut gelaufen?

Was kann ich nächsten Monat bessern?

Notizen

NOTIZEN · ZIELE · PLÄNE

NOTIZEN · ZIELE · PLÄNE

MONATLICHE EINNAHMEN UND AUSGABEN

Einkommensquelle	Betrag	Datum
Summe Einkommen		

Einkommen für den Monat	
Ausgaben für den Monat	
Unterschied	

	FIXKOSTEN						
#	Rechnung	Fällig	Bezahlt	Betrag	Ref.	Zhlg.	St.
1							
2							
3							
4							
5							
6							
7							
8							
9							
10							
11							
12							
13							
14							
15							
16							
17							
18							
19							
20							
21							
22							
23							
Summe Fixkosten							

#	Beschreibung	Betrag	Datum	Ref.	Zhlg.	St.
1						
2						
3						
4						
5						
6						
7						
8						
9						
10						
11						
12						
13						
14						
15						
16						
17						
18						
19						
20						
21						
22						
23						
24						
25						
26						
27						
28						
29						
30						
31						
32						
33						

Zwischensumme variabler Ausgaben

#	Beschreibung	Betrag	Datum	Ref.	Zhlg.	St.
34						
35						
36						
37						
38						
39						
40						
41						
42						
43						
44						
45						
46						
47						
48						
49						
50						
51						
52						
53						
54						
55						
56						
57						
58						
59						
60						
61						
62						
63						
64						
65						

Summe variabler Ausgaben

Summe monatlicher Ausgaben

MONATLICHE ZUSAMMENFASSUNG & AUSBLICK

Summe Monatlicher Ausgaben	
Summe Monatliches Einkommen	
Unterschied	

Notfallkasse	
Datum	
Bestand	

Geldziele des nächsten Monats

Was ist diesen Monat gut gelaufen?	Was kann ich nächsten Monat bessern?

Notizen

NOTIZEN · ZIELE · PLÄNE

NOTIZEN · ZIELE · PLÄNE

MONATLICHE EINNAHMEN UND AUSGABEN

Einkommensquelle	Betrag	Datum
Summe Einkommen		

Einkommen für den Monat	
Ausgaben für den Monat	
Unterschied	

FIXKOSTEN							
#	Rechnung		Fällig	Bezahlt	Betrag	Ref.	Zhlg.	St.
1							
2							
3							
4							
5							
6							
7							
8							
9							
10							
11							
12							
13							
14							
15							
16							
17							
18							
19							
20							
21							
22							
23							
Summe Fixkosten							

#	Beschreibung	Betrag	Datum	Ref.	Zhlg.	St.
	VARIABLE AUSGABEN					
1						
2						
3						
4						
5						
6						
7						
8						
9						
10						
11						
12						
13						
14						
15						
16						
17						
18						
19						
20						
21						
22						
23						
24						
25						
26						
27						
28						
29						
30						
31						
32						
33						
	Zwischensumme variabler Ausgaben					

#	Beschreibung	Betrag	Datum	Ref.	Zhlg.	St.
	VARIABLE AUSGABEN					
34						
35						
36						
37						
38						
39						
40						
41						
42						
43						
44						
45						
46						
47						
48						
49						
50						
51						
52						
53						
54						
55						
56						
57						
58						
59						
60						
61						
62						
63						
64						
65						
	Summe variabler Ausgaben					
	Summe monatlicher Ausgaben					

MONATLICHE ZUSAMMENFASSUNG & AUSBLICK

Summe Monatlicher Ausgaben	
Summe Monatliches Einkommen	
Unterschied	

Notfallkasse	
Datum	
Bestand	

Geldziele des nächsten Monats

Was ist diesen Monat gut gelaufen?	Was kann ich nächsten Monat bessern?

Notizen

NOTIZEN · ZIELE · PLÄNE

NOTIZEN · ZIELE · PLÄNE

MONATLICHE EINNAHMEN UND AUSGABEN

Einkommensquelle	Betrag	Datum
Summe Einkommen		

Einkommen für den Monat	
Ausgaben für den Monat	
Unterschied	

FIXKOSTEN							
#	Rechnung	Fällig	Bezahlt	Betrag	Ref.	Zhlg.	St.
1							
2							
3							
4							
5							
6							
7							
8							
9							
10							
11							
12							
13							
14							
15							
16							
17							
18							
19							
20							
21							
22							
23							
Summe Fixkosten							

#	Beschreibung	Betrag	Datum	Ref.	Zhlg.	St.
1						
2						
3						
4						
5						
6						
7						
8						
9						
10						
11						
12						
13						
14						
15						
16						
17						
18						
19						
20						
21						
22						
23						
24						
25						
26						
27						
28						
29						
30						
31						
32						
33						

Zwischensumme variabler Ausgaben

#	Beschreibung	Betrag	Datum	Ref.	Zhlg.	St.
34						
35						
36						
37						
38						
39						
40						
41						
42						
43						
44						
45						
46						
47						
48						
49						
50						
51						
52						
53						
54						
55						
56						
57						
58						
59						
60						
61						
62						
63						
64						
65						
	Summe variabler Ausgaben					
	Summe monatlicher Ausgaben					

MONATLICHE ZUSAMMENFASSUNG & AUSBLICK

Summe Monatlicher Ausgaben	
Summe Monatliches Einkommen	
Unterschied	

Notfallkasse	
Datum	
Bestand	

Geldziele des nächsten Monats

Was ist diesen Monat gut gelaufen?

Was kann ich nächsten Monat bessern?

Notizen

NOTIZEN · ZIELE · PLÄNE

NOTIZEN · ZIELE · PLÄNE

NOTIZEN · ZIELE · PLÄNE

NOTIZEN · ZIELE · PLÄNE

NOTIZEN · ZIELE · PLÄNE

NOTIZEN · ZIELE · PLÄNE

NOTIZEN · ZIELE · PLÄNE

NOTIZEN · ZIELE · PLÄNE

BANK-KONTO DATEN

Die Referenznummer zeigt an, von welchem Konto Ausgaben gemacht werden

Kontoname	Zahlungskonto		Referenz	1
Kontoart	GiroKonto	Name der Bank	Zukunftsbank	
Kontonummer	345A678RB9	Benutzername	SMHaupt	
IBAN	XX12 3456 7890 1234 56	Passwort/Hinweis	5u5ieH@upt	
Name auf Karte	Susie Haupt	Website URL	zukunft-online.com	
Pin/Hinweis	00009654	Kontaktperson	Hans Schneider	
Kreditlimite	15,000	Adresse		
Name auf Karte	Susie M. Haupt		Grossredestrasse 13	
Pin/Hinweis	9876		12345 Gutstadt	
Kreditlimite	5,000		012 12345678	

Sie können Hinweise verwenden, anstatt Passwörter und PIN-Codes zu notieren

Notieren Sie Ihre Darlehen

Wie gross ist Schuld nach Ihrer Zahlung?

JÄHRLICHER SCHULDZAHLUNGS-ÜBERBLICK

Summieren Sie die Restbeträge für jeden Monat, um die Summe aller verbleibenden Schulden zu sehen

Schuldenübersicht

Monat	Rück-zahlung	Rest-betrag	Ihr Auto	Rest-betrag	Sein Auto	Rest-betrag		Rest-betrag		Rest-betrag	Summe Zahlungen	Rest-Schuld
Jan	280	20768	415	19263	540	13520					1235	53551
Feb	280	20488	415	18848	540	12980					1235	52316
Mär	280	20208	415	18433	540	12440					1235	51081
Apr												
Mai												
Jun												
Jul												
Aug												
Sep												
Okt												
Nov												
Dez												
											3705	
Summe	840		1245		1620						3705	

Summe der Zahlungen für jedes Darlehen

Summe der Zahlungen für jeden Monat

Total der monatlichen Zahlungen

Bei korrekter Summe sollten diese Zahlen übereinstimmen

Summe aller Darlehenszahlungen

Kategorien gemäss Ihrer finanziellen Situation, die variable und feste Ausgaben enthalten

Summe der Zahlungen für jeden Monat

ZUSAMMENFASSUNG DER JÄHRLICHEN EINNAHMEN UND AUSGABEN

Jährliche Ausgabenübersicht

Monat	Miete	Benzin	Dienste	Lebens-mittel	Aus-gang	Hobbys	Dar-lehen				Summe für den Monat
Jan	1,400	46.89	326.12	689.45	125.60	598.12	1235				4421.18
Feb	1,400	58.62	298.56	703.45	68.12	328.45	1235				4092.20
Mär	1,400	63.25	264.25	623.12	265.89	65.98	1235				3917.49
Apr											
Mai											
Jun											
Jul											
Aug											
Sep											
Okt											
Nov											
Dez											
	Bei korrekter Summe sollten diese Zahlen übereinstimmen										12430.87
Summe	4200	168.76	888.93	2016.02	459.61	992.55	3705				12430.87

Summe der Ausgaben für jede Kategorie ← → Total der monatlichen Summen

Summe aller Kategorien

Einkommensquellen. Beispiele sind: Job, Geburtstag, Weihnachtsgeld, ...

Summe der Einnahmen für jeden Monat

ZUSAMMENFASSUNG DER JÄHRLICHEN EINNAHMEN UND AUSGABEN

Jährliche Einnahmenübersicht

Monat	Ihr Job	Sein Job	Frei-beruf								Summe für den Monat
Jan	2120.80	5023.00	632.45								7776.25
Feb	1130.50	5023.00	125.20								6278.70
Mär	1532.00	5023.00	312.85								6867.85
Apr											
Mai											
Jun											
Jul											
Aug											
Sep											
Okt											
Nov											
Dez											
	Bei korrekter Summe sollten diese Zahlen übereinstimmen										20922.80
Summe	4783.30	15069.00	1070.50								20922.80

Summe der Einnahmequelle ← → Total der monatlichen Summen

Summe aller Einnahmequellen

MONATLICHE EINNAHMEN UND AUSGABEN

Ihre Einnahmequellen, wie viel und wann Ihnen ausbezahlt wurde

Einkommensquelle	Betrag	Datum
Ihr Job	766	01/03
Ihr Job	766	15/03
Sein Job	5023	20/03
Freiberuf	312.85	31/03
Summe Einkommen	6867.85	

Summe aller Einnahmen

März

Einkommen für den Monat	6867.85	Summe aller Einkommen
Ausgaben für den Monat	3917.49	Summe aller Ausgaben
Unterschied	2950.36	So viel bleibt Ihnen übrig

Wer/Was wird wiederkehrend bezahlt? — Datum Ihrer Zahlung — Betrag der Zahlung — Von welchem Konto wurde bezahlt?

FIXKOSTEN						
#	Rechnung	Fällig	Bezahlt	Betrag	Ref.	Zhlg. St.
1	Handy Rechnung	22/03	20/03	211.65	1	✓
2						
22						
23						
Summe Fixkosten				1901.04		

Markieren Sie, ob diese Ausgabe steuerlich abziehbar ist

Summe der Zeilen 1-23

Verfolgen Sie Ihre täglichen Ausgaben — Von welchem Konto wurde bezahlt?

VARIABLE AUSGABEN					
#	Beschreibung	Betrag	Datum	Ref.	Zhlg. St.
1	Starbucks Kaffee	4.65	01/03	3	✓
64					
65					
Summe variabler Ausgaben		2016.45			
Summe monatlicher Ausgaben		3917.49			

Markieren Sie, ob diese Ausgabe steuerlich abziehbar ist

Summe der Zeilen 1-64

Addiere Summe Fixkosten + Summe Variable Ausgaben

Kategorien gemäss Ihrer finanziellen Situation, die variable und feste Ausgaben enthalten

MONATLICHE ZUSAMMENFASSUNG & AUSBLICK

März

Miete	1,400
Benzin	63.25
Dienste	264.25
Lebensmittel	623.12
Ausgang	265.89
Hobbys	65.98
Darlehen	12.35

Notfallkasse	
Datum	31/03
Bestand	15,328.16

Summe Ihrer Ausgaben für jede Kategorie

Summe Monatlicher Ausgaben	3917.48

Monatliches Einkommen

Summe Monatliches Einkommen	6867.85

So viel bleibt Ihnen übrig diesen Monat

Unterschied	2950.36

Geldziele des nächsten Monats

Was ist diesen Monat gut gelaufen?

Was kann ich nächsten Monat bessern?

Notizen

Verwenden Sie die verbleibenden Felder, um über Ihre Ausgabegewohnheiten nachzudenken und Ihre Ausgaben oder finanziellen Ziele entsprechend anzupassen

www.ingramcontent.com/pod-product-compliance
Lightning Source LLC
Chambersburg PA
CBHW081102240526
45465CB00026B/3103